ALBUM

DE FAC-SIMILE D'AUTOGRAPHES

VICTOR HUGO

HISTOIRE D'UN CRIME

ALBUM

DE FAC-SIMILE D'AUTOGRAPHES

ET DE PORTRAITS

Dressé par

ÉTIENNE CHARAVAY

Archiviste-paléographe

PARIS

CALMANN LÉVY, ÉDITEUR

ANCIENNE MAISON MICHEL LÉVY FRÈRES

RUE AUBER, 3, ET BOULEVARD DES ITALIENS, 15

A LA LIBRAIRIE NOUVELLE

1878

AVERTISSEMENT

Ceux qui, combattant pour le droit et la justice, tombent victimes de la force brutale, savent bien que leur défaite n'est que momentanée et que la postérité vengera leur mémoire. C'est pour satisfaire à ce sentiment légitime que Victor Hugo fit l'*Histoire d'un crime :* c'est dans les angoisses de la lutte, alors que nul ne savait si la légalité ou la force triompherait, que l'illustre représentant du peuple a tracé les premières lignes de ce livre, destiné, dès le jour du combat, à transmettre à la postérité le tableau de ces mémorables événements. Témoin d'un funeste attentat contre le gouvernement légal, il résista de toutes ses forces à ceux qui violaient la loi, en même temps qu'il leur imprimait déjà un stigmate immortel. Proscrit, il compléta, en consultant ses compagnons de lutte et de proscription, ce récit qui, vingt-six ans après le crime, sept ans après la chute, a si fortement ému la France tout entière. Cette émotion était légitime, car le récit est si attachant que le lecteur croit assister aux poignantes péripéties de ce sombre drame.

Une grande partie de la génération présente n'a connu que par ouï-dire ces événements ; aussi a-t-elle écouté passionnément cette déposition d'un des témoins les plus illustres du coup d'État de décembre. En lisant le tome premier, je conçus le projet d'illustrer cet ouvrage par des portraits, des documents et des fac-simile. Je demandai à M. Victor Hugo une autorisation qui me fut gracieusement accordée. De là l'album que je présente au public et dont je vais essayer de démontrer l'utilité.

Le caractère de l'homme, en effet, ne se traduit pas seulement dans ses actions ; il se reflète aussi presque toujours dans sa physionomie et dans son écriture. C'est pourquoi on recherche si vivement les portraits et les autographes des personnages célèbres. J'ai recueilli ceux des principaux acteurs des événements du 2 décembre et je les ai classés dans l'ordre chronologique ; j'ai fait reproduire ces documents, et de ces fac-simile j'ai dressé des planches, dont voici les divisions et la liste :

Les premiers représentants arrêtés : 1° Lettre de Thiers à Mérimée, en lui envoyant les quatre derniers volumes de son *Histoire du Consulat et de l'Empire ;* — 2° Portrait de Thiers ; — 3° Signatures de Greppo, Nadaud, Miot, Faure, Charles Lagrange, Eugène Cholat et Eugène Baune ; — 4° Écriture et signature du questeur Baze, du général Le Flo et du comte Roger du Nord ; — 5° Portrait du général Le Flo ; — 6° Portrait du questeur Baze ; — 7° Pièce de Charras, par laquelle il dépose des pétitions de citoyens demandant à l'Assemblée de repousser le projet de loi électoral, qu'ils regardent comme attentatoire à la souveraineté du peuple et à la Constitution ; — 8° Portrait de Charras ; — 9° Signatures des généraux Cavaignac et Bedeau et d'Edmond Valentin, aujourd'hui sénateur du Rhône ; — 10° Portrait du général Cavaignac ; — 11° Portrait du général Bedeau ; — 12° Écriture et signature des généraux La Moricière et Changarnier ; — 13° Portrait du général La Moricière ; — 14° Portrait du général Changarnier.

Les Représentants à la mairie du Xe arrondissement : 15° Lettre de Tamisier, du 11 juillet 1849, où il déclare avoir voté pour la levée de l'état de siége ; — Portrait de Tamisier.

Les Bonapartistes : 17° Lettre de Louis-Napoléon Bonaparte, écrite en 1851, et où il demande à son ministre Thorigny, qu'il devait bientôt remplacer d'une façon si cavalière, de faire envoyer son Message dans toutes les communes, et de payer les frais sur les fonds secrets. J'en donne le texte, vu que l'écriture, reflet du caractère de l'homme, est difficile à déchiffrer :

« Élysée national, le 5 novembre.

» Mon cher monsieur de Thorigny,

» Je voudrais que le Message fût, comme l'année dernière, imprimé en placards et envoyé dans toutes les communes. Si cette mesure a votre approbation, veuillez en donner l'ordre à M. de Saint-Georges, directeur de l'Imprimerie nationale. La seule difficulté consiste dans le remboursement *des frais*, mais je crois que les fonds secrets peuvent très-bien donner trois mille francs dans ce but.

» Recevez la nouvelle assurance de mes sentiments de haute estime.

» Louis Napoléon. »

18° Portrait de Louis Napoléon; — 19° Écriture et signature de Persigny, Fleury, Baroche, de Maupas, le préfet de police, Dupin aîné, le président de l'Assemblée, dont la conduite pusillanime contrasta si fort avec celle des représentants; Espinasse, qui devint général et ministre de l'intérieur.

Les représentants à la caserne d'Orsay : 20° Signatures de Pascal Duprat, Antony Thouret, Jean Colfavru, Eugène Sue, Marc Dufraisse, Benoît (du Rhône) et Victor Hennequin; — 21° Signatures de Jules Grévy, Charles de Rémusat, Odilon Barrot et Gustave de Beaumont ; — 22° Signatures du duc de Montebello, de Berryer, Duvergier de Hauranne, Dufaure, Falloux, Vitet, du duc de Luynes et du général Oudinot.

Le comité de résistance : 23° Lettre de Victor Hugo, écrite vers 1851 et où on trouve ce passage, qui prouve combien le grand citoyen prévoyait l'avenir : « Vous le voyez, la liberté recule chaque jour d'un pas; nous serons bientôt en 1815. Tout cela est triste, mais rien ne sera perdu tant que nous, les gens de lettres, nous défendrons le drapeau. » — 24° Portrait de Victor Hugo; — 25° Signatures de Carnot, Faure et Jules Favre ; — 26° Écriture et signature de Madier de Montjau, Paul de Flotte et Michel de Bourges.

Le ministère de Louis-Napoléon Bonaparte : 27° Laissez-passer signé par Morny, ministre de l'intérieur, et délivré pendant les événements; — 28° Portrait de Morny; — 29° Lettre de Saint-Arnaud, ministre de la guerre, datée de Mostaganem, le 1er juin 1848, et où il parle de Le Flo, qui devait être, trois ans plus tard, son adversaire politique ; — 30° Signatures de Rouher, Lefebvre-Duruflé, Fould, Théodore Ducos, Magne, Turgot et Fortoul.

La barricade Saint-Antoine : 31° Lettre écrite et signée par Alphonse Baudin, le représentant mort héroïquement sur la barricade, signée aussi par ses collègues Amédée Bruys, Baune, Mathé, Laboulaye, Gindriez, Racouchot, Salmon, Nadaud, Bouvet, Gaston Dussoubs et Madier de Montjau; la plupart de ces députés figurèrent plus tard sur la liste de proscription; — 32° Écriture et signature de Charamaule, Schœlcher, De Flotte, Malardier, Francisque Maigne et Aubry (du Nord) ; — 33° Signatures de Dulac, Bruckner, Bourzat, Madier de Montjau.

Représentants et journalistes : 34° Signatures de Léon de Maleville, Arnaud (de l'Ariége), Xavier Durrieu, Jules Hetzel, Daru, vice-président de l'Assemblée, Gindriez et Bixio.

La commission consultative : 35° Lettre du général Magnan, écrite le 7 décembre 1852, au maréchal Vaillant; Magnan y parle de sa promotion au maréchalat qu'il avait obtenue le 2 décembre 1852, comme prix de sa complicité au coup d'État.

Les généraux bonapartistes : 36° Signatures des généraux Forey, Canrobert, Tartas et Renault.

37° Lettre d'Alexandre Dumas à Bocage pour le prévenir que vingt-cinq mille francs étaient promis à celui qui arrêterait Victor Hugo; le texte de ce curieux document se trouve à la page 51 du tome II de l'*Histoire d'un crime*.

Les proscrits : 38° Signatures des représentants Chambolle, Laboulaye, Noël Parfait, Lafon, Renault et Chauffour; — 39° Signatures des représentants Gambon, Versigny, Bancel et Lamarque; — 40° Signatures des représentants Esquiros, Joigneaux, Agricol Perdiguier, César Bertholon, Saint-Ferréol et Amédée Bruys; — 41° Signatures des représentants Pierre Lefranc, Émile de Girardin, Bac, Edgar Quinet et Mathieu (de la Drôme).

42° Lettre du général Cavaignac écrite le 13 janvier 1852 à Saint-Arnaud, pour demander sa mise à la retraite. En voici le texte :

« 13 janvier.

» Monsieur le Ministre,

» Au moment où mes compagnons de captivité sont l'objet d'une rigueur nouvelle, l'exception, nouvelle aussi, dont je suis l'objet donne matière à une interprétation que je repousse.

» Je ne recherche ni ne redoute la persécution. La vue du pays dans ces derniers jours me rendrait d'ailleurs l'exil bien supportable, mais je veux rester, au vu de tous, à l'égard du gouvernement actuel de la France, dans la seule situation que comportent mon honneur et mon dévouement à la liberté.

» En conséquence, Monsieur le Ministre, je vous prie de vouloir bien donner les ordres nécessaires pour que je sois, ainsi que je le demande, admis au cadre de retraite, position à laquelle me donnent droit trente-trois années de services effectifs et dix-huit campagnes.

» Gal E. Cavaignac. »

43° Décret de l'Assemblée nationale du 2 décembre 1851, qui nomme le général Oudinot commandant en chef de l'armée de Paris. Je crois devoir reproduire le texte de cet important document :

« République française.

» L'Assemblée nationale :

» Vu le décret qui transporte à l'Assemblée nationale le pouvoir exécutif,

» Décrète : Le général de division Oudinot est nommé commandant en chef de l'armée de Paris et de la garde nationale de Paris.

» Fait en séance publique, le 2 décembre 1851.

» Pour le président empêché, » Les secrétaires :

» Le vice-président : » F. Chapot.

» Benoist d'Azy. » Grimault.

» Vu pour nomination de l'Assemblée :

» Oudinot de Reggio. » » Le Secrétaire :

» G. Moulin. »

L'aspect même de ce document nous transporte au milieu de l'action. C'est sur un chiffon de papier que ce décret a été écrit; la signature tremblée du général n'est-elle pas le reflet de son émotion intérieure ?

Tel est l'album destiné à illustrer l'*Histoire d'un crime*. S'il présente quelque intérêt pour l'histoire, il faut en savoir gré tout d'abord à l'illustre poëte, qui, après m'avoir accordé son autorisation, m'a communiqué la lettre d'Alexandre Dumas à Bocage, et à M. Jules Martin, un amateur distingué, à la collection duquel j'ai emprunté la plupart des documents les plus importants, tels que la pièce de Baudin, les lettres de Victor Hugo, de Louis Bonaparte, de Cavaignac, etc. Je dois aussi des remercîments à M. Dubrunfaut, l'éminent chimiste, qui a réuni une série de lettres des représentants de 1848, et à M. Moulin, un des avocats les plus estimés du barreau de Paris, qui m'a permis de reproduire le décret de l'Assemblée nationale nommant le général Oudinot commandant de l'armée de Paris.

Un dernier mot. Les spécimens d'écriture ont été pris sur des lettres contemporaines des événements et les portraits ont été exécutés d'après des originaux du temps. Chaque planche de l'album peut être détachée et intercalée dans le texte à la page correspondante. J'ai pensé que ce genre d'illustration plairait aux amateurs.

Et maintenant je livre au public mon modeste travail, heureux si cet album lui semble à la fois utile et intéressant.

Étienne CHARAVAY.

Nota : Cet avertissement était terminé quand M. Jules Martin m'apporta une curieuse lettre du général le Flo, écrite de Ham. N'ayant pas le temps de faire reproduire ce document en fac-simile, je crois devoir en publier ici le texte :

« Mon cher monsieur Foucher,

» Voulez-vous me permettre de recourir, du fond de ma prison, à votre obligeance déjà éprouvée, pour vous prier de me procurer le numéro du 16 décembre de *l'Indépendance belge*, qui renferme la relation de la séance du Xe arrondissement?

» Tout ce qui concerne les journées des 2 et 3 décembre appartient désormais à l'histoire, et vous comprendrez que je tienne à posséder quelques-uns des documents qui devront servir un jour à l'écrire.

» Veuillez recevoir, je vous prie, l'assurance de ma considération très-distinguée.

» 2 janvier 1852. » Le G^al le Flo.

» Si par hasard vous appreniez que je fusse sorti de Ham, vous pourriez faire déposer ce journal sous enveloppe à l'hôtel de l'Élysée, 5, rue de Beaune.

» Si je suis encore à Ham, envoyez-moi le journal *enveloppé d'un Constitutionnel* à l'adresse de ma femme, à l'hôtel de France, à Ham. Par la poste. »

Le général Le Flo avait, on le voit, le projet d'écrire l'histoire du coup d'État de décembre, mais ce dessein ne fut jamais exécuté.

ADOLPHE THIERS.

Mon cher Mérimée

je vous envoie le premier
de mes quatre derniers volumes
Vous êtes un homme d'un
goût sur parce que vous êtes
vous-même un excellent
écrivain. Vous êtes de plus
un galant homme, et je
suis sûr que quel que soit
votre jugement sur mon
livre, sous le rapport littéraire,
vous reconnaîtrez la sincérité
et la loyauté de l'historien.
Tout à vous
A. Thiers

6 octobre 1855

Histoire d'un crime, t. I, p. 17.

LES PREMIERS REPRÉSENTANTS ARRÊTÉS

IMP. CENTRALE DES CHEMIN. DE FER. — A. CHAIX ET Cie RUE BERGÈRE, 20, A PARIS.

ADOLPHE THIERS

Né en 1797, mort en 1877.

Histoire d'un crime, t. I, p. 17.

LOUIS GREPPO.

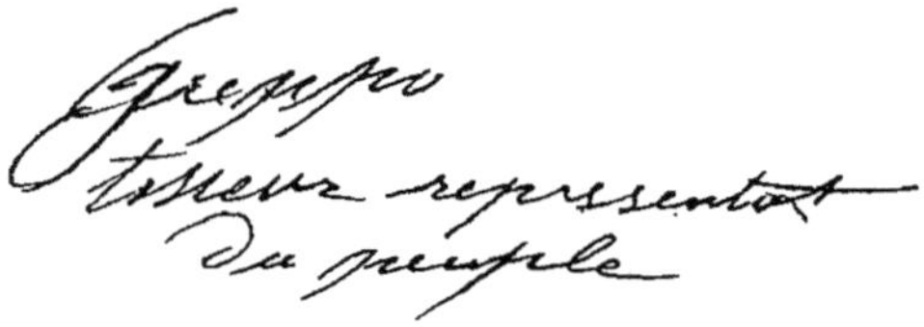

MARTIN NADAUD.

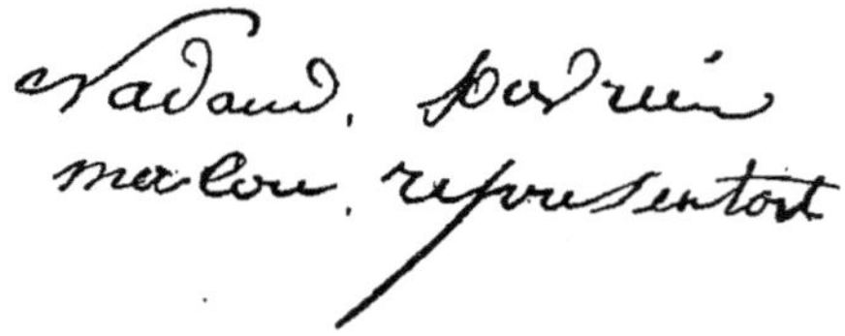

JULES MIOT.

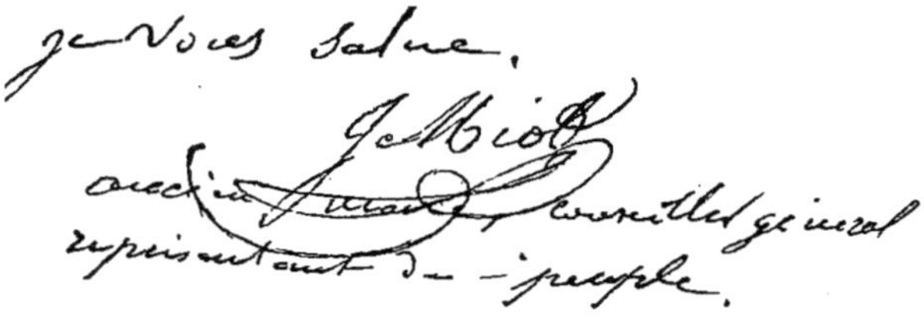

JOSEPH FAURE.

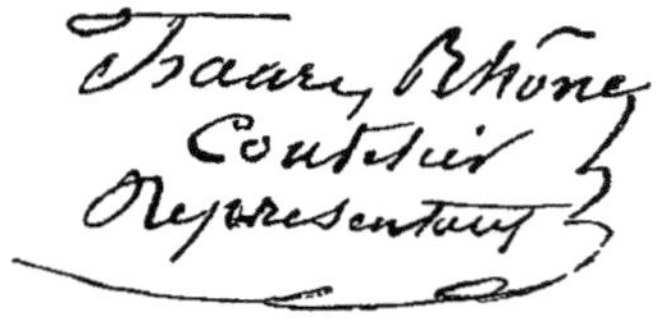

CHARLES LAGRANGE.

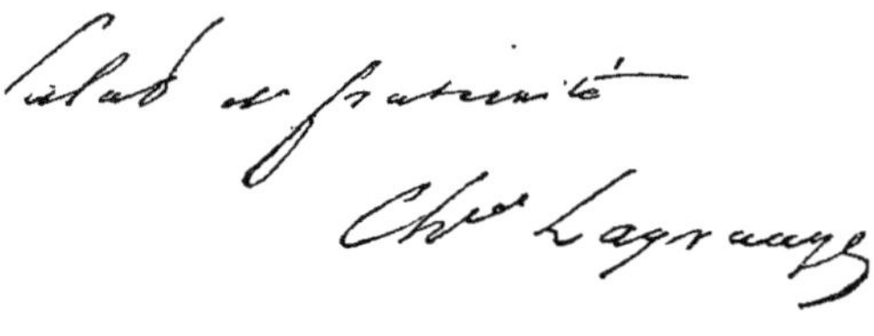

EUGÈNE CHOLAT.

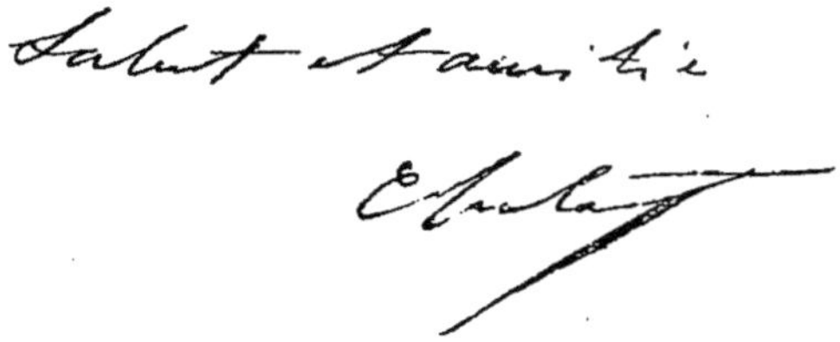

EUGÈNE BAUNE.

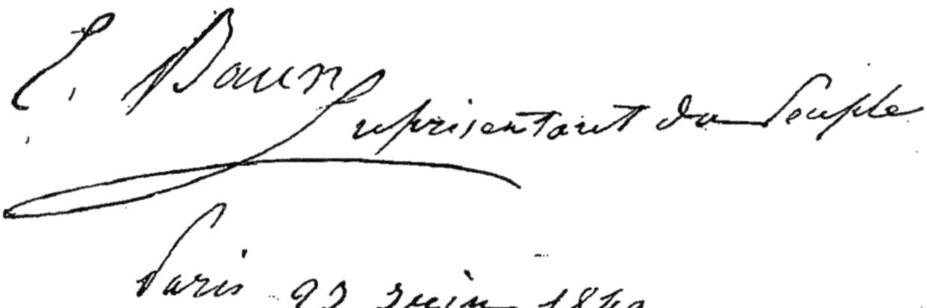

LES PREMIERS REPRÉSENTANTS ARRÊTÉS

DIDIER BAZE (Questeur de l'Assemblée).

Merci, Monsieur, mes salutations empressées

Baze

Questeur de l'Assemblée

Paris le 7 mars 1851

LE GÉNÉRAL ADOLPHE LE FLO (Questeur de l'Assemblée).

Veuillez recevoir, je vous prie, l'assurance de ma considération très distinguée

le gal Le Flo

2 Janvier 1852

LE COMTE ROGER (du Nord).

Agréez monsieur le général l'assurance de ma haute considération

Cte Roger

ce dimanche

(nord)

Histoire d'un crime, t. I, p. 25 et 27.

IMP. CENTRALE DES CHEMINS DE FER. — A. CHAIX ET Cie RUE BERGÈRE, 20, A PARIS.

ADOLPHE LE FLO.

Né en 1804.

Histoire d'un crime, t. I, p. 25.

IMP. CENTRALE DES CHEMIN D.. ER. — .. C A T . RUE BERGÈRE, 20, A PARIS.

DIDIER BAZE

Né en 1800.

JEAN-BAPTISTE-ADOLPHE CHARRAS.

Mr Charras a déposé des pétitions signées par huit cent citoyens des communes d'Arconsat, de Villeneuve-lès-Cerfs, St Clément de Regnat, de St Germain Lembron, de Pionzat (Puy de Dôme) et par quatre vingt deux citoyens de la commune de Neuville-Bourjonval (Pas de Calais); qui demandent à l'Assemblée de repousser le projet de loi électoral, qu'ils regardent comme attentatoire à la souveraineté du peuple et à la constitution.

Histoire d'un crime, t. I, p. 34.

LES PREMIERS REPRÉSENTANTS ARRÊTÉS

IMP. CENTRALE DES CHEMINS DE FER. — A. CHAIX ET Cie RUE BERGÈRE, 20, A PARIS.

JEAN-BAPTISTE-ADOLPHE CHARRAS.

Né en 1808, mort en 1865.

Histoire d'un crime, t. I, p. 34.

LES PREMIERS REPRÉSENTANTS ARRÊTÉS

LE GÉNÉRAL EUGÈNE CAVAIGNAC.

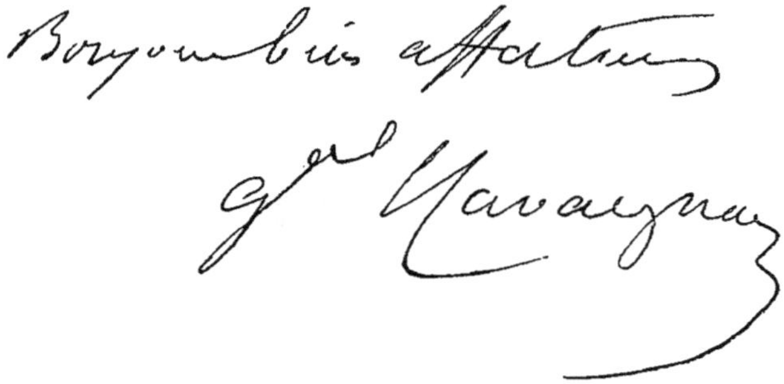

LE GÉNÉRAL ALPHONSE BEDEAU.

EDMOND VALENTIN.

Histoire d'un crime, t. I, p. 33-35.

LES PREMIERS REPRÉSENTANTS ARRÊTÉS

IMP. CENTRALE DES CHEMINS DE FER. — A. CHAIX ET Cie RUE BERGÈRE, 20, A PARIS.

EUGÈNE CAVAIGNAC.

Né en 1802, mort en 1857.

LES PREMIERS REPRÉSENTANTS ARRÊTÉS

IMP. CENTRALE DES CHEMIN, DE FER. — A. CHAIX ET Cie RUE BERGÈRE, 20, A PARIS.

ALPHONSE BEDEAU.

Né en 1804, mort en 1863.

LES PREMIERS REPRÉSENTANTS ARRÊTÉS

LE GÉNÉRAL LA MORICIÈRE.

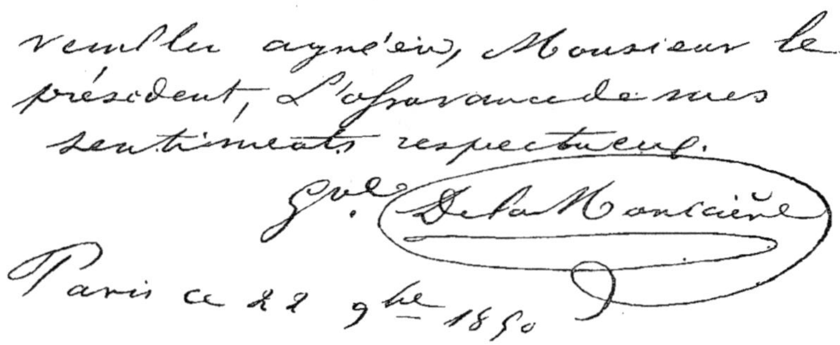
Veuillez agréer, Monsieur le président, l'assurance de mes sentiments respectueux.
Gal De La Moricière
Paris ce 22 9bre 1850

LE GÉNÉRAL CHANGARNIER.

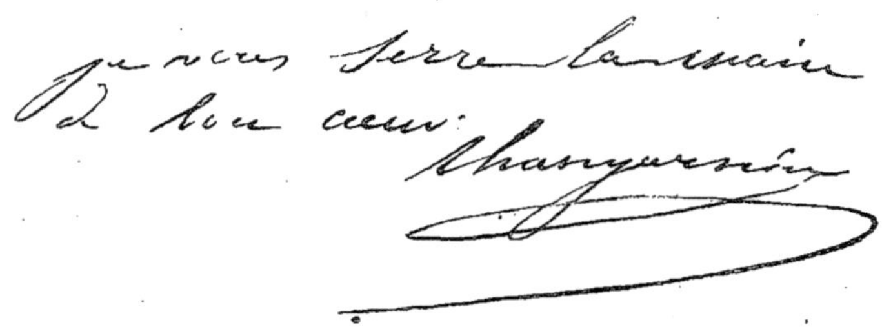
Je vous serre la main de bon cœur.
Changarnier

Histoire d'un crime, t. I, p. 33-35.

LES PREMIERS REPRÉSENTANTS ARRÊTÉS

IMP. CENTRALE DES CHEMINS DE FER. — A. CHAIX ET Cie RUE BERGÈRE, 20, A PARIS.

CHRISTOPHE-LÉON-LOUIS JUCHAULT DE LA MORICIÈRE.

Né en 1806, mort en 1865.

Histoire d'un crime, t. I, p. 33.

LES PREMIERS REPRÉSENTANTS ARRÊTÉS

NICOLAS-AIMÉ-THÉODULE CHANGARNIER.

Né en 1793, mort en 1876.

Histoire d'un crime, t. I, p. 34.

IMP. CENTRALE DES CHEMINS DE FER. — A. CHAIX ET Cie RUE BERGÈRE, 20, A PARIS.

LES REPRÉSENTANTS A LA MAIRIE

DU Xe ARRONDISSEMENT

FRANÇOIS-LAURENT-ALPHONSE TAMISIER.

Monsieur le Rédacteur,

J'ai été inscrit dans le Moniteur de ce matin, comme ayant voté pour et contre la proposition relative à la levée de l'état de siège. Je ne sais d'où peut provenir cette erreur. Ce qu'il y a de bien certain, c'est que j'ai voté purement et simplement pour la levée de l'état de siège.

J'ai l'honneur de vous saluer avec une parfaite considération

Tamisier

représentant du peuple.

Paris le 11 juillet 1849.

Histoire d'un crime, t. I, p. 114

LES REPRÉSENTANTS A LA MAIRIE

DU Xe ARRONDISSEMENT

IMP. CENTRALE DES CHEMINS DE FER. — A. CHAIX ET Cie RUE BERGÈRE, 20, A PARIS.

FRANÇOIS-LAURENT-ALPHONSE TAMISIER.

Né en 1809.

Histoire d'un crime, t. I, p. 114.

LOUIS-NAPOLÉON BONAPARTE

Président de la République.

Élysée Nat. le 5 N.

Mon cher monsieur de Thorigny

Je voudrais que le message fût comme l'année dernière imprimé en placards et envoyé dans toutes les communes. Si cette mesure a votre approbation veuillez en donner l'ordre à M. de St Georges directeur de l'Imprimerie nationale. La seule difficulté consiste dans le remboursement des frais, mais je crois que les fonds secrets pourront très bien donner 3000 fr. dans ce but.

Recevez la nouvelle assurance de mes sentiments de haute estime

Louis Napoléon

Histoire d'un crime, t. I, p. 424.

IMP. CENTRALE DES CHEMINS DE FER. — A. CHAIX ET Cie RUE BERGÈRE, 20, A PARIS.

LOUIS-NAPOLÉON BONAPARTE.

Né en 1808, mort en 1873.

Histoire d'un crime, t. I, p. 124.

LES BONAPARTISTES

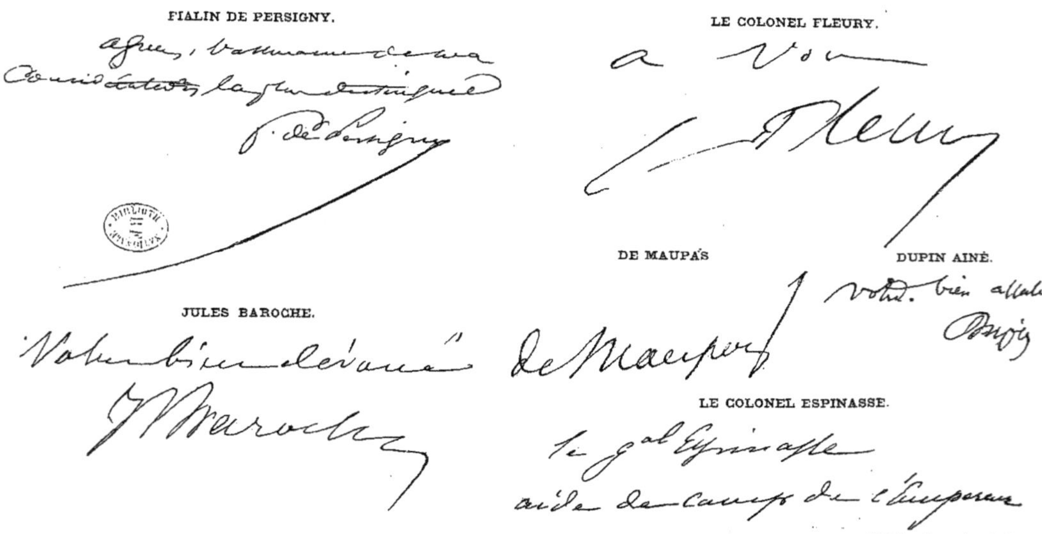

Histoire d'un crime, t. I.

LES REPRÉSENTANTS A LA CASERNE D'ORSAY

Histoire d'un crime, p. 127 à 140.

LES REPRÉSENTANTS A LA CASERNE D'ORSAY

JULES GRÉVY.

Mille compliments — Jules Grévy

VICTOR LEFRANC.

à vous de cœur

Victor Lefranc

CHARLES DE RÉMUSAT.

Votre très humble

et très obéissant serviteur

Ch. Rémusat

ODILON BARROT.

Votre tout dévoué

Odilon Barrot

GUSTAVE DE BEAUMONT.

Gustave de Beaumont

député de la Sarthe

Histoire d'un crime, p. 127 à 140.

LES REPRÉSENTANTS A LA CASERNE D'ORSAY

NAPOLÉON LANNES, duc de Montebello.

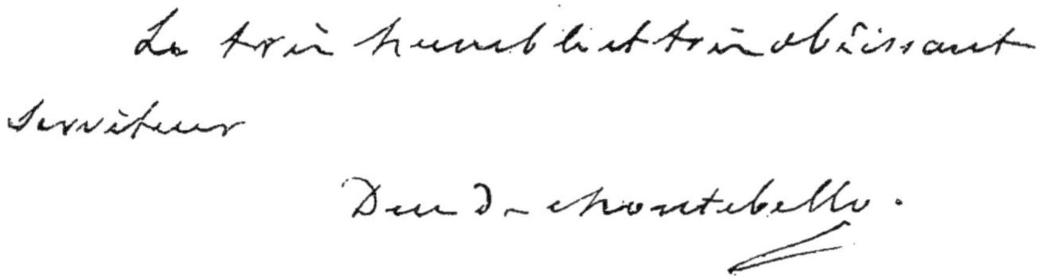

PIERRE-ANTOINE BERRYER.

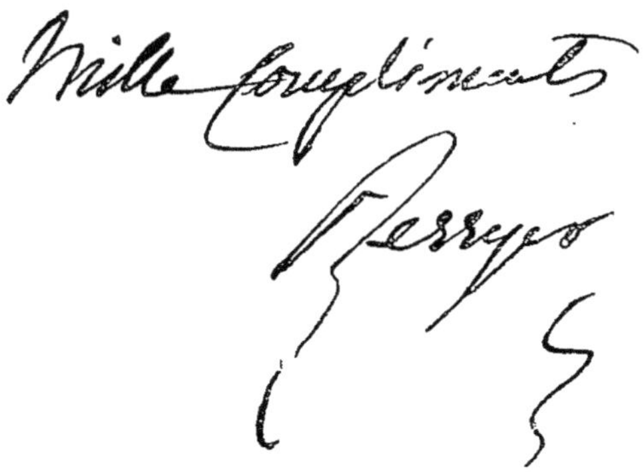

PROSPER DUVERGIER (de Hauranne).

JULES DUFAURE.

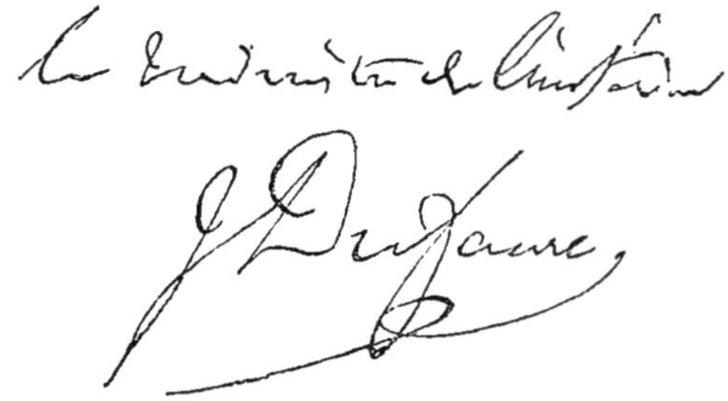

ALFRED DE FALLOUX.

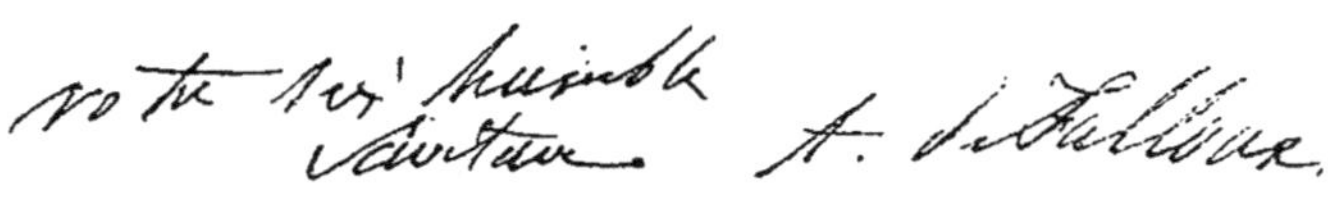

L. VITET.

D'ALBERT DUC DE LUYNES.

LE GÉNÉRAL OUDINOT.

Histoire d'un crime, t. I, p. 127 à 140.

VICTOR HUGO.

Il faudrait, Messieurs et chers proscrits, que cet acte, à mon sens [illegible] nécessaire, eût la forme d'une [illegible] signé l'assemblée [illegible] signé la loi, et non d'une *protestation* [illegible] déjà, à l'occasion de la loi [illegible] majorité a fait entendre [illegible] contre les signataires de *protestation*. S'il en était [illegible] [illegible] [illegible] [illegible] [illegible] [illegible] [illegible] dans la [illegible], la liberté [illegible] chaque jour d'un pas. [illegible] [illegible] 1815, [illegible] [illegible], mais [illegible] [illegible] que, dans les jours de [illegible], [illegible] [illegible].

Je vous serre la main à tous.

19 juillet Victor Hugo

Histoire d'un crime, t. I, p. 176.

LE COMITÉ DE RÉSISTANCE

VICTOR HUGO.

Né en 1802.

Histoire d'un crime, t. I, p. 176.

IMP. CENTRALE DES CHEMINS DE FER. — A. CHAIX ET Cie RUE BERGÈRE, 20, A PARIS.

LE COMITÉ DE RÉSISTANCE

HIPPOLYTE CARNOT.

Veuillez agréer, Monsieur le Ministre, l'assurance de mon respect

Paris le 28 mars 1851

Carnot

Représentant du Peuple

FAURE (du Rhône).

Faure (du Rhône)

JULES FAVRE.

tout à vous de cœur

Jules Favre

Histoire d'un crime, t. I, p. 1

ALFRED MADIER DE MONTJAU.

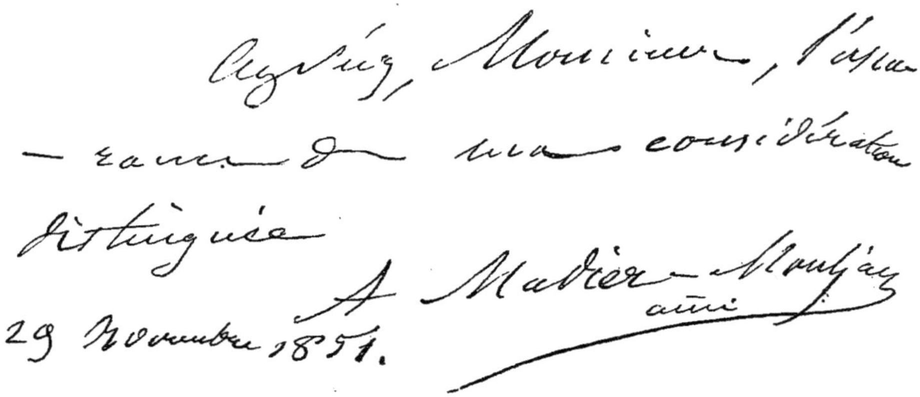
Agréez, Monsieur, l'assurance de ma considération distinguée
A. Madier-Montjau aîné
29 Novembre 1851.

PAUL DE FLOTTE.

P. de Flotte

MICHEL (de Bourges).

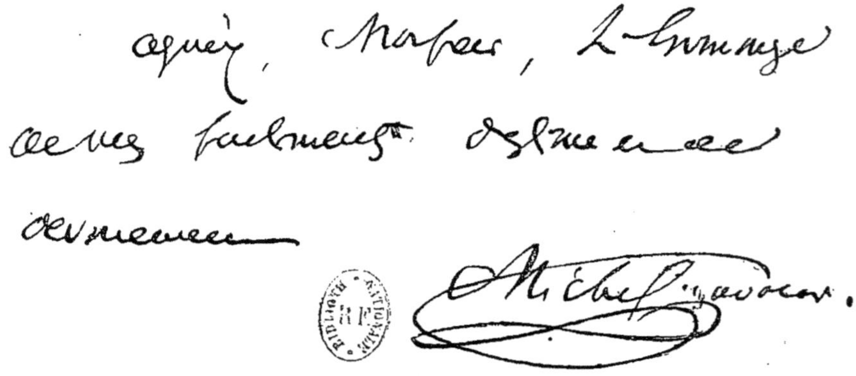
Agréez, Monsieur, l'hommage de mes sentiments d'estime et de dévouement
Michel [illegible]

Histoire d'un crime, t. I, p. 176.

LE MINISTÈRE DE LOUIS-NAPOLÉON BONAPARTE

CHARLES-AUGUSTE-LOUIS-JOSEPH DE MORNY,

Ministre de l'Intérieur.

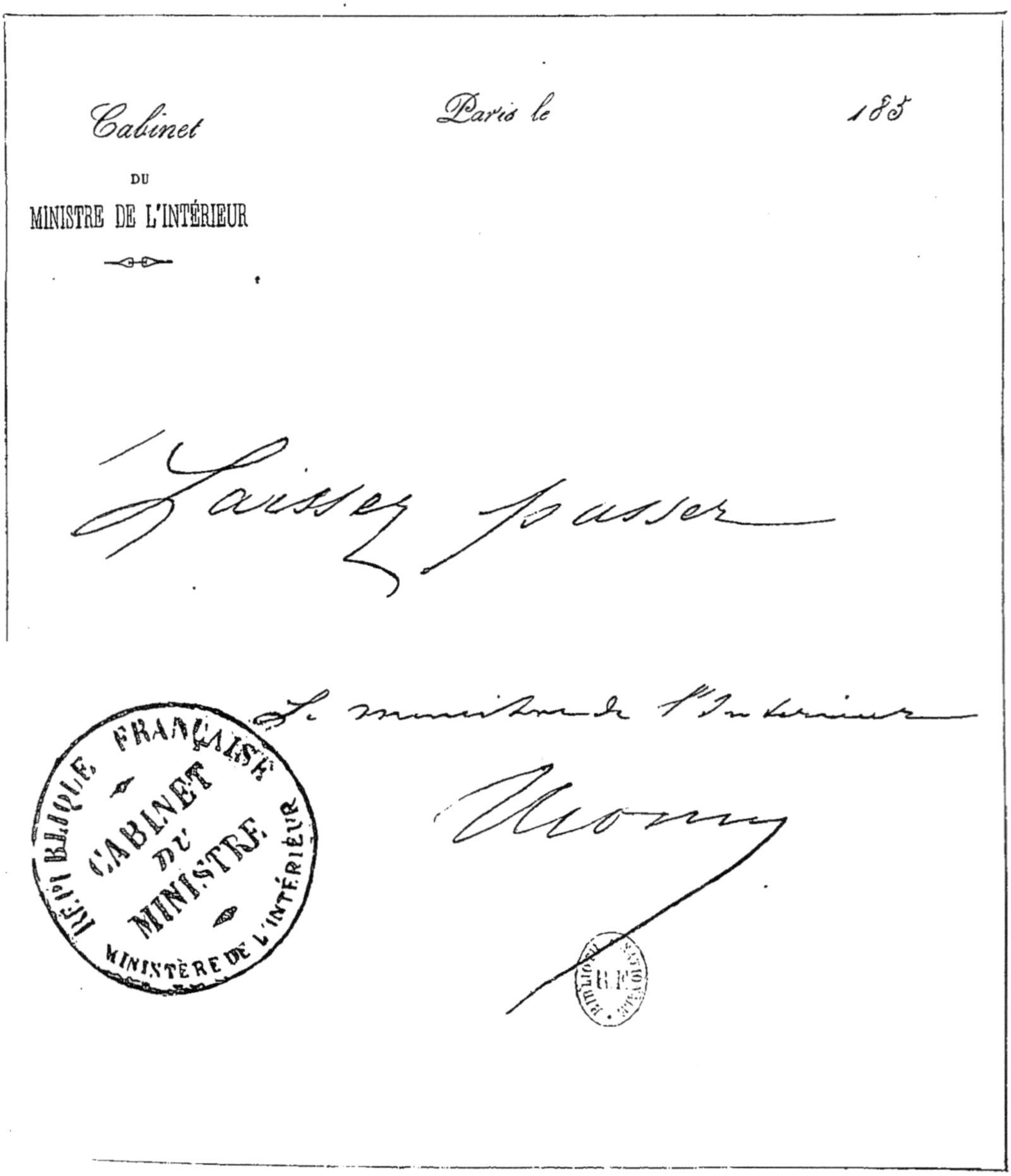

Cabinet
du
MINISTRE DE L'INTÉRIEUR

Paris le 185

Laissez passer

Le ministre de l'Intérieur

Morny

LE MINISTÈRE DE LOUIS-NAPOLÉON BONAPARTE

IMP. CENTRALE DES CHEMINS DE FER. — A. CHAIX ET Cie RUE BERGÈRE, 20, A PARIS.

CHARLES-AUGUSTE-LOUIS-JOSEPH DE MORNY.

Né en 1811, mort en 1865.

LE MINISTÈRE DE LOUIS-NAPOLÉON BONAPARTE

ARNAUD-JACQUES LEROY DE SAINT-ARNAUD,

Ministre de la guerre.

Vous savez ou vous ne savez pas que j'ai changé Orléansville pour Mostaganem. Il le fallait !!... ma femme s'étiolait, s'arrangeait mal du climat et du désert où nous avons végété dans ... Ici nous avons la mer et la grande route de France sous les yeux. On est tout autre évidemment. Dans la science de l'Imprévu quand on ne peut pas prévoir il faut tâcher de parer.

J'ai appris à ma femme à jouer le Jacquet mais nous n'avons guère le temps. Elle a été encore plus heureuse que nous et c'est ce qu'il y a peu à dire. Leflo est encore là-bas. Mais une partie de son régt est déjà en mer. On attend tous les jours son brevet de général. J'en serai heureux. On le destine à Mascara.

Adieu mon ami croyez-moi et croyez à ma bonne et sincère amitié.

à toi de cœur

Le Gal A. de St Arnaud

Mostaganem le 7 Juin 1848.

Histoire d'un crime, t. 1, p. 206.

LE MINISTÈRE DE LOUIS-NAPOLÉON BONAPARTE

EUGÈNE ROUHER (Justice).

agréez, monsieur, l'assurance de mes sentiments les plus affectueux.

E. Rouher

ce dimanche 2 février 1851

NOEL-JACQUES LEFEBVRE-DURUFLÉ (Commerce).

N. Lefebvre-Duruflé

ACHILLE FOULD (Finances).

Tout à vous

Achille Fould

THÉODORE DUCOS (Marine).

Théodore Ducos

PIERRE MAGNE (Travaux publics)

votre tout dévoué

P. Magne

LE MARQUIS DE TURGOT (Affaires étrangères)

Turgot

HIPPOLYTE FORTOUL (Instruction publique).

Renvoyé à M. le Ministre d'État

par le Ministre de l'Instruction publique

H. Fortoul

Histoire d'un crime, t. I, p. 206.

JEAN-BAPTISTE-ALPHONSE BAUDIN.

Présents à toutes les séances dans lesquelles on a discuté la loi électorale, nous nous sommes abstenus de prendre part à la discussion et au vote de cette loi, par les motifs qui nous avaient fait demander la question préalable.

Agréez, Monsieur le Rédacteur, l'expression de nos sentiments fraternels.

Alph. Baudin, Amédée Bruys

E. Baune Mathé Laboulaye

[illegible] [illegible]

Gindriez Racouchot

[illegible]

Nadaud Bouvat (Aristide)

Dussoubs-Gaston

A. Madier de Montjau aîné

Paris, le 31 mai 1850

LA BARRICADE SAINT-ANTOINE

CHARAMAULE.

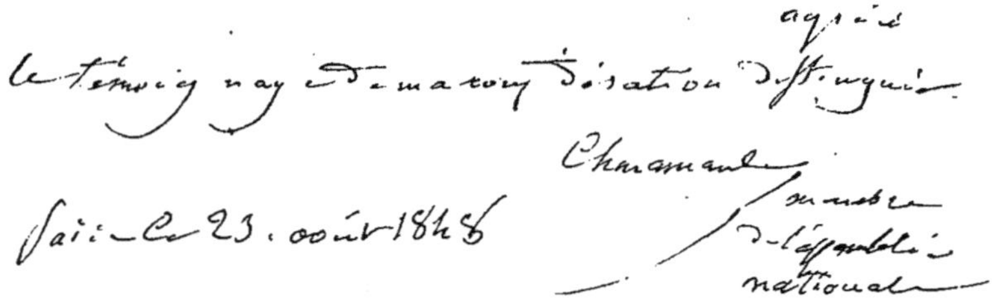

Paris le 23. août 1848
Charamaule
membre de l'assemblée nationale

VICTOR SCHOELCHER.

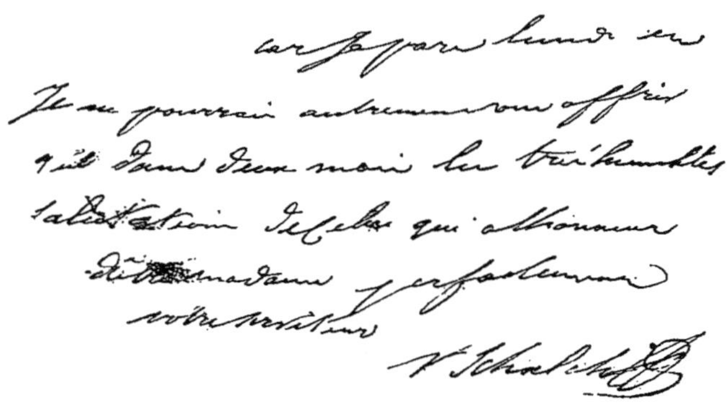

PAUL DE FLOTTE.

MALARDIER.

FRANCISQUE MAIGNE.

AUBRY (du Nord).

Histoire d'un crime, t. I, p.231.

LA BARRICADE SAINT-ANTOINE

DULAC.

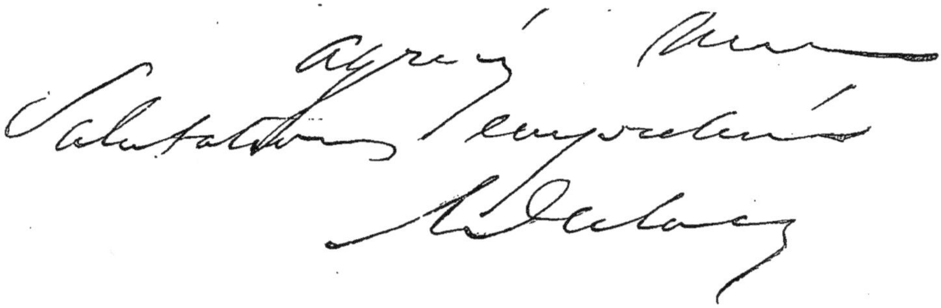
Agréez mes
salutations empressées
A Dulac

BRUCKNER.

A Bruckner

BOURZAT.

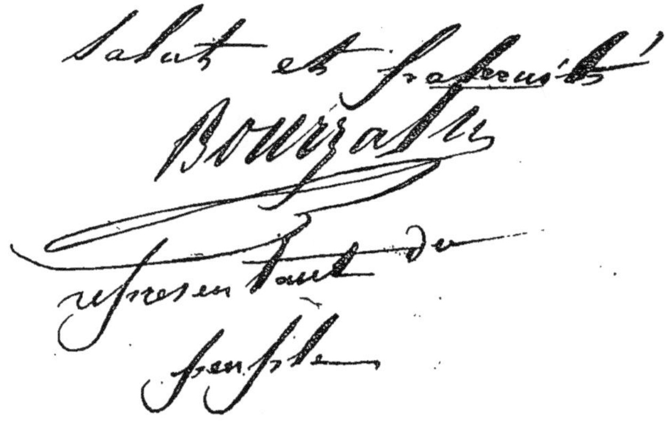
Salut et fraternité!
Bourzat
représentant du
peuple

ALFRED MADIER-MONTJAU.

A. Madier-Montjau
aîné

Histoire d'un crime, t. I, p. 231.

REPRÉSENTANTS ET JOURNALISTES

LÉON DE MALEVILLE.

Son dévoué serviteur
Léon de Maleville
représentant du peuple
Paris 29 juillet 1848.

FRÉDÉRIC ARNAUD (de l'Ariège).

F. Arnaud (de l'ariège)
représentant du peuple

XAVIER DURRIEU.

Tout à vous
Xavier Durrieu

JULES HETZEL.

J Hetzel

NAPOLÉON DARU.

Daru

F. GINDRIEZ.

F Gindriez

JACQUES-ALEXANDRE BIXIO.

Votre tout dévoué
Bixio

LA COMMISSION CONSULTATIVE
BERNARD-PIERRE MAGNAN.

Armée de Paris.

Cabinet du Général en Chef.

Paris, le 7 Xbre 1852.

Mon cher maréchal,

J'étais allé vous remercier de votre bonne et affectueuse lettre; j'ai eu le regret de ne pas vous rencontrer. J'aurais voulu vous dire de vive voix et mieux que je ne vous l'exprime ici combien j'ai été touché de cette marque de bon souvenir. Si nous étions de bons camarades devant Alger, nous continuerons à l'être encore; l'âge n'affaiblit pas les sentiments, il les vivifie par les souvenirs.

Je suis moins modeste que vous, cher maréchal: je ne pensais guère au bâton sur notre modeste abri, mais j'ai été heureux de votre élévation qui ne m'a pas surpris quand j'ai vu depuis Alger vos grands services, et j'ai été très aise de vous avoir rejoint sous un abri plus somptueux.

Croyez, cher maréchal, à tous mes sentiments de haute estime et d'attachement.

Magnan

LES GÉNÉRAUX BONAPARTISTES

FOREY.

CANROBERT.

RENAULT.

TARTAS.

LETTRE D'ALEXANDRE DUMAS

A BOCAGE.

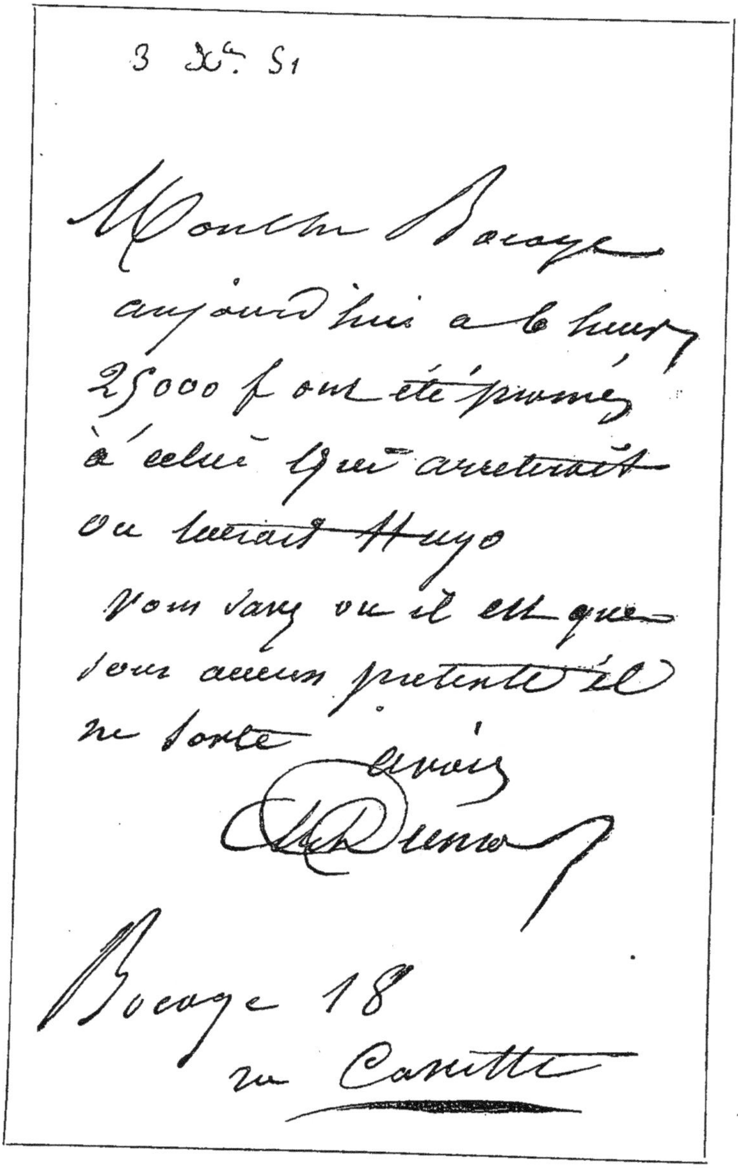

3 Xbre 51

Mon cher Bocage

aujourd'hui à 6 heures

25000 f ont été promis

à celui qui arrêterait

ou tuerait Hugo

vous savez où il est que

sous aucun prétexte il

ne sorte

avis

A. Dumas

Bocage 18

rue Cassette

3 décembre 1851.

Histoire d'un crime, t. II, p. 51.

LES PROSCRITS

AUGUSTE CHAMBOLLE.

F. LABOULAYE.

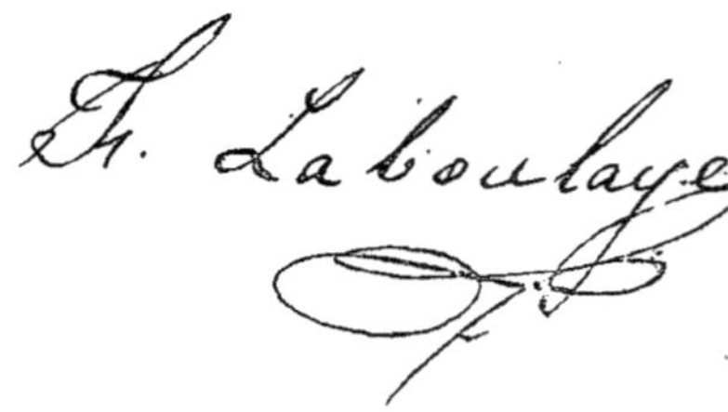

NOEL PARFAIT.

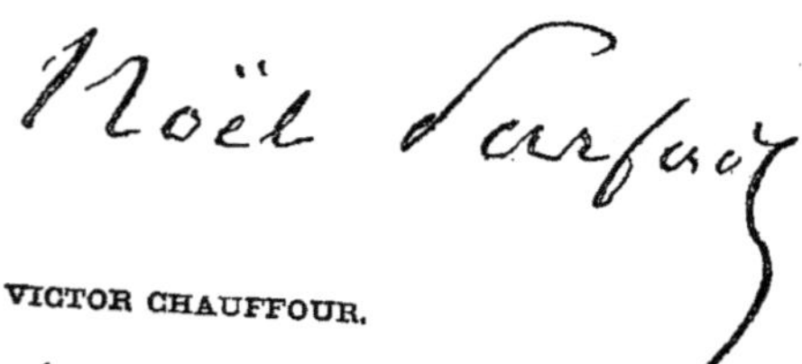

P. LAFON.

MICHEL RENAUD.

VICTOR CHAUFFOUR.

Histoire d'un crime, t. II, p. 201-204.

LES PROSCRITS

CHARLES-FERDINAND GAMBON.

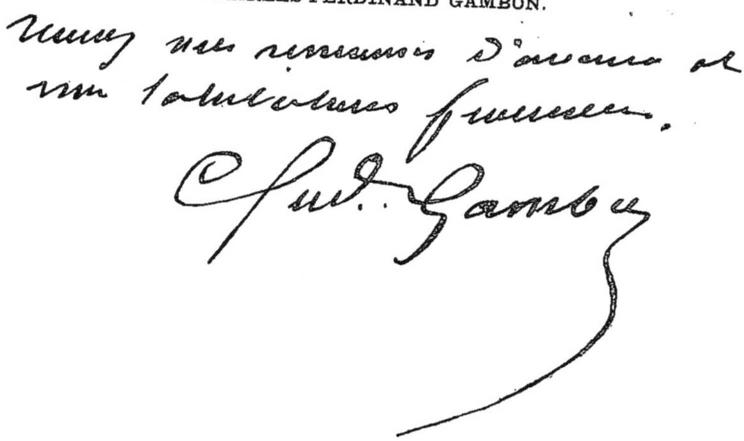

V. VERSIGNY.

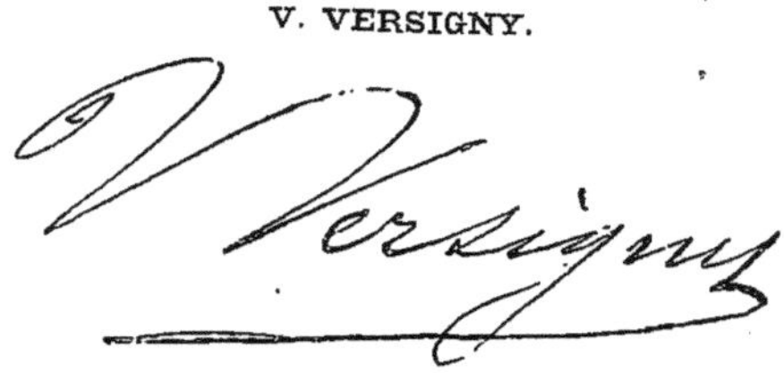

DÉSIRÉ BANCEL.

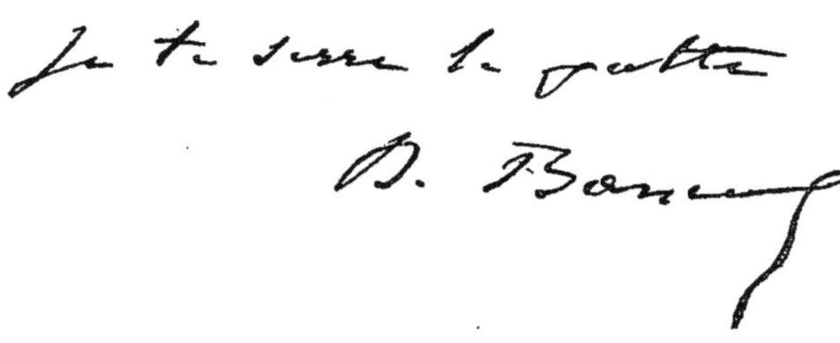

LAMARQUE.

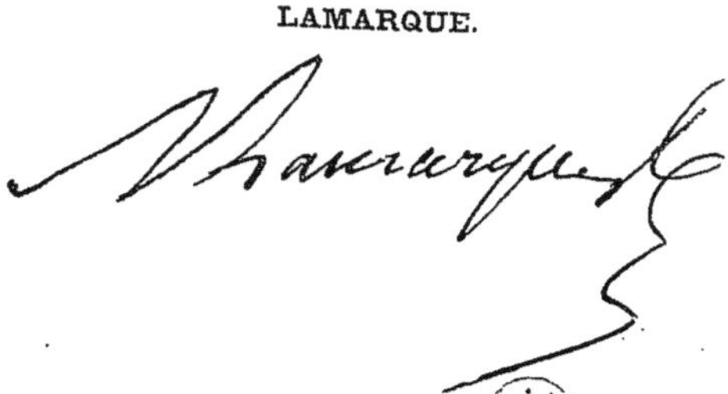

Histoire d'un crime, t. II, p. 201-204.

LES PROSCRITS

ALPHONSE ESQUIROS.

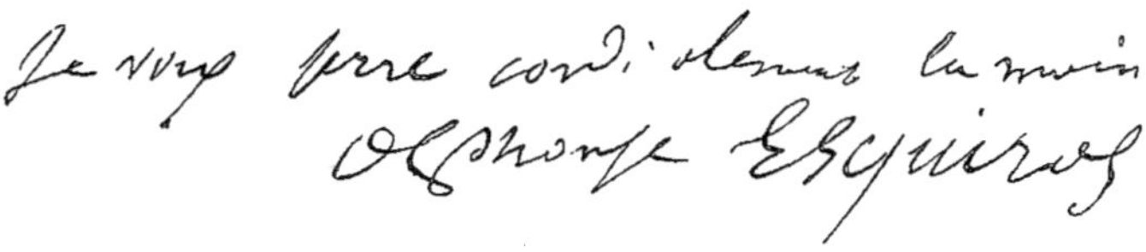

Je vous serre cordialement la main
Alphonse Esquiros

PIERRE JOIGNEAUX.

AGRICOL PERDIGUIER.

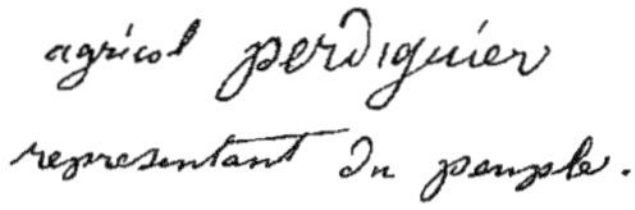

CÉSAR BERTHOLON.

SAINT-FERRÉOL.

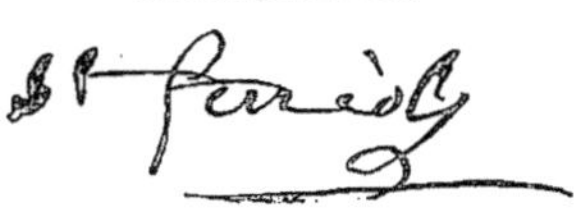

AMÉDÉE BRUYS.

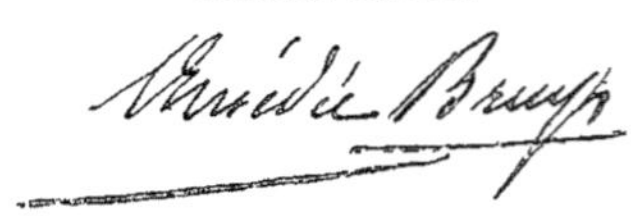

Histoire d'un crime, t. II, p. 201-2

LES PROSCRITS

PIERRE LEFRANC.

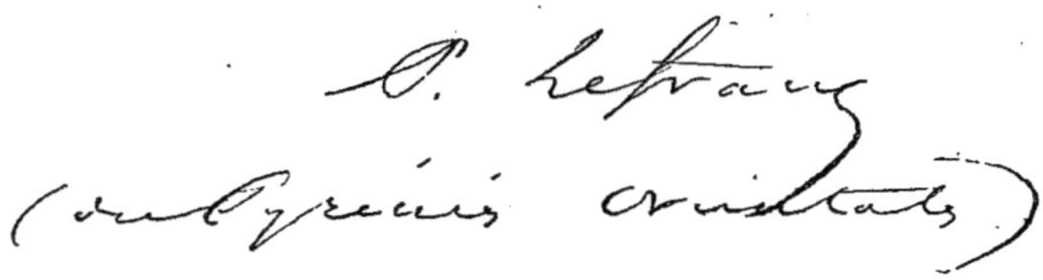

ÉMILE DE GIRARDIN.

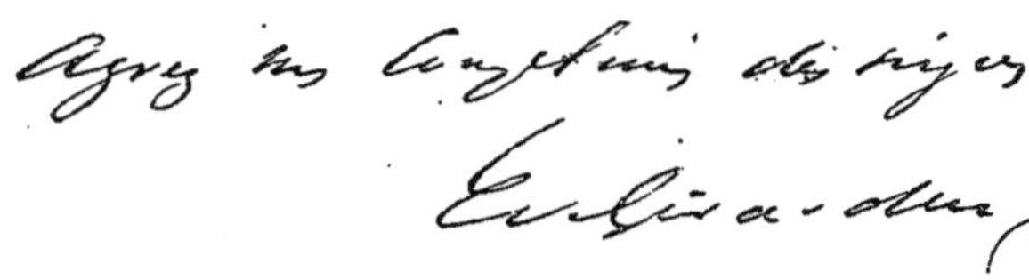

THÉODORE BAC.

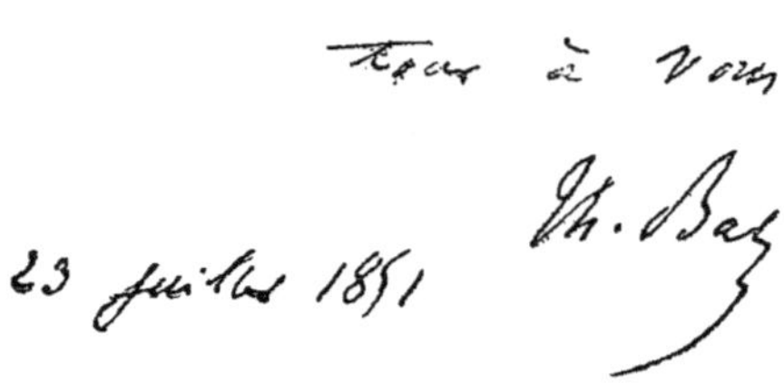

EDGARD QUINET.

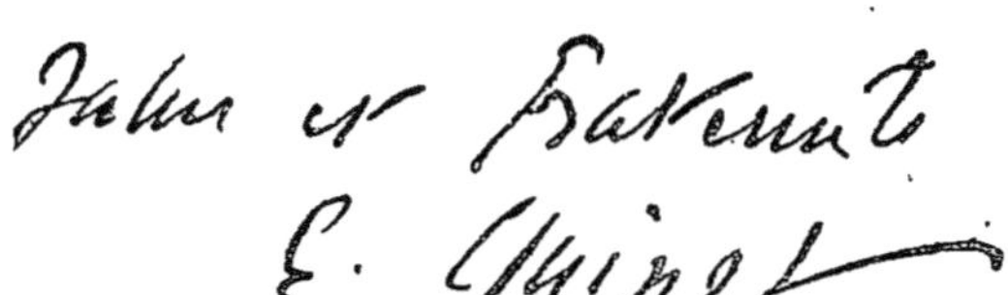

MATHIEU (de la Drôme).

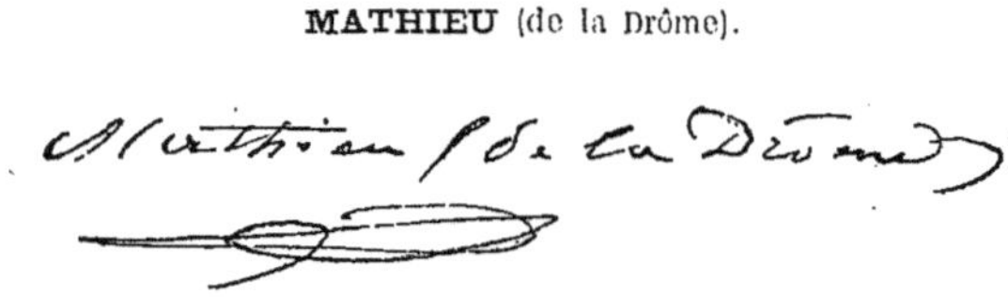

Histoire d'un crime, t. II, p. 201-204.

LETTRE DU GÉNÉRAL CAVAIGNAC

AU MINISTRE SAINT-ARNAUD

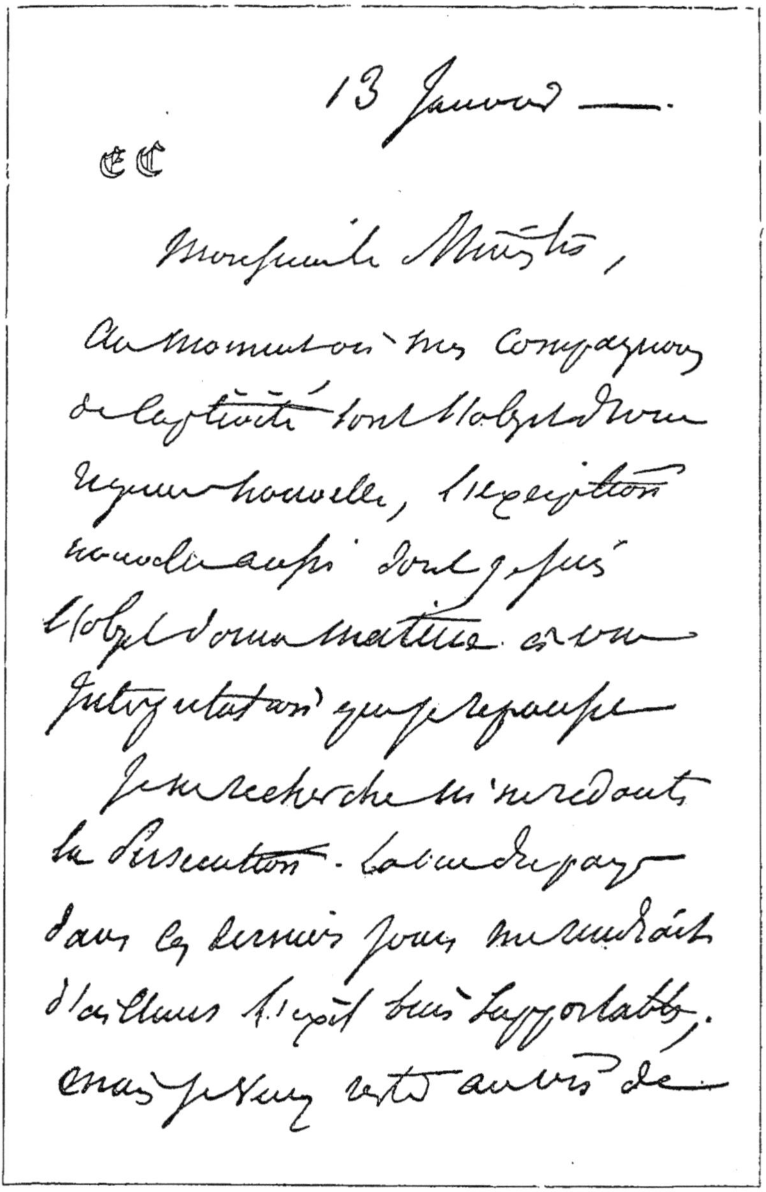

13 Janvier —

EC

Monsieur le Ministre,

Au moment où mes compagnons de captivité sont l'objet d'une mesure nouvelle, l'exception nouvelle aussi dont je suis l'objet donne matière à une interprétation que je repousse.

Je ne recherche ni n'évite la persécution. [illegible] du pays dans ces derniers jours me rendrait d'ailleurs l'exil bien supportable. Mais je veux votre avis de

13 janvier 1852.

LETTRE DU GÉNÉRAL CAVAIGNAC

AU MINISTRE SAINT-ARNAUD

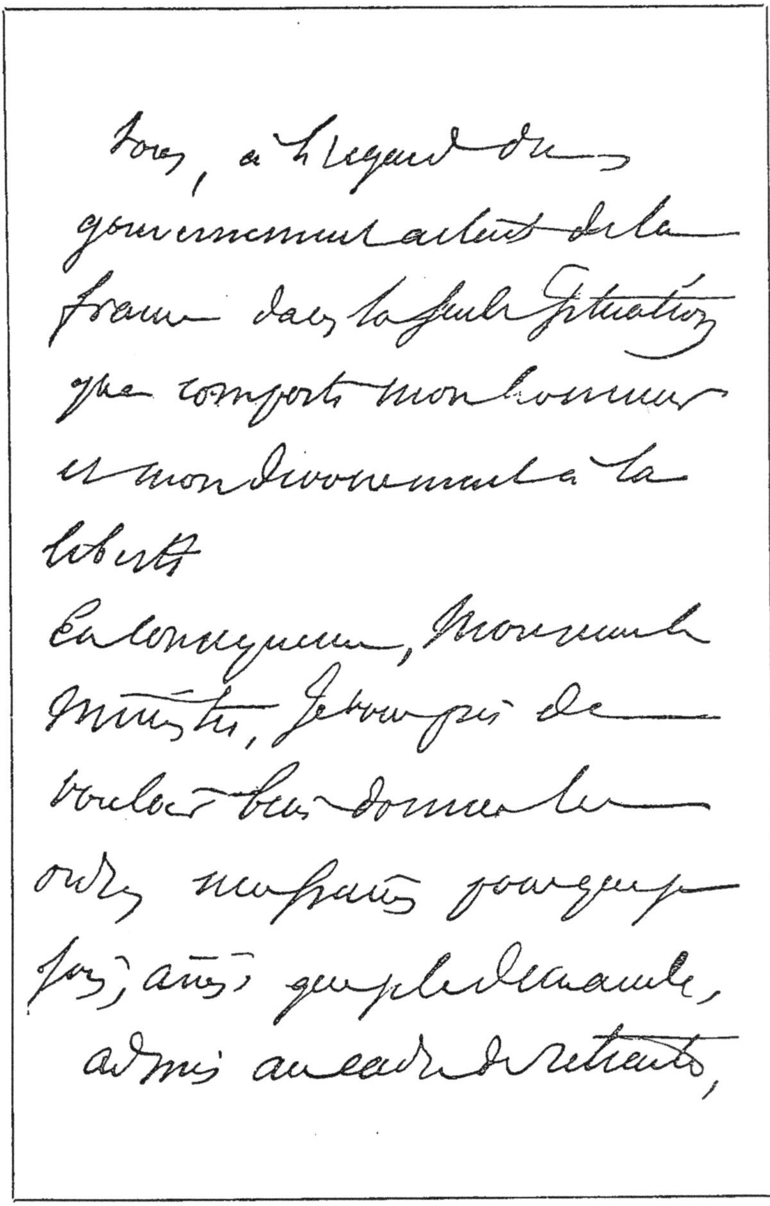
tous, à l'égard du gouvernement actuel de la France dans la seule situation que comporte mon honneur et mon dévouement à la liberté.

En conséquence, Monsieur le Ministre, je vous prie de vouloir bien donner les ordres nécessaires pour que je sois, ainsi que je le demande, admis au cadre de retraite,

13 janvier 1852.

LETTRE DU GÉNÉRAL CAVAIGNAC

AU MINISTRE SAINT-ARNAUD

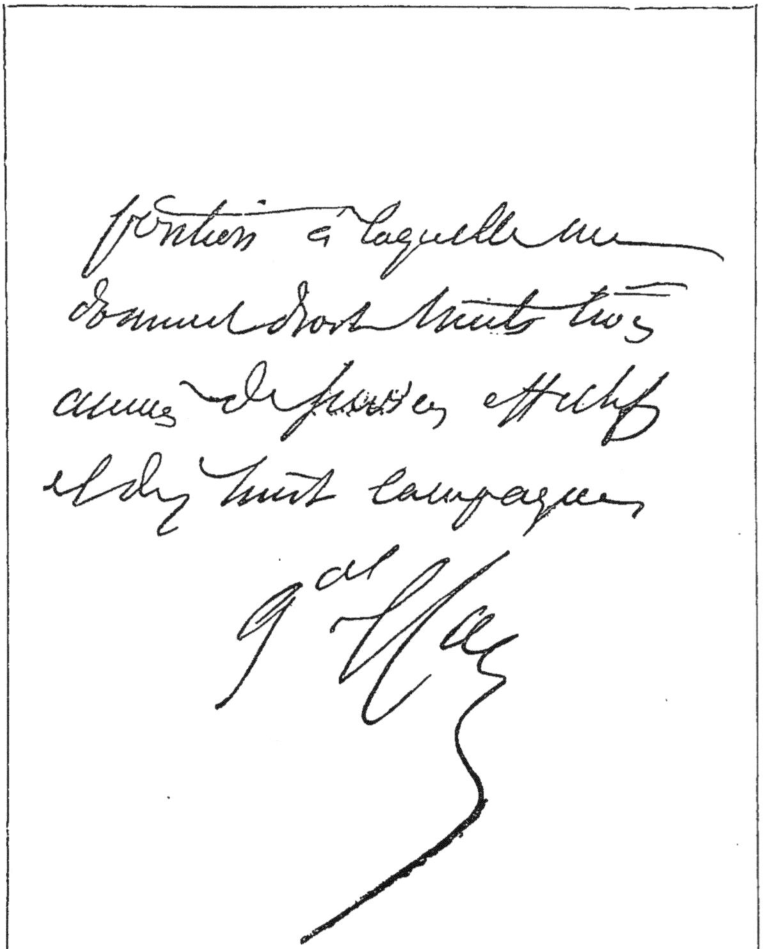
portion à laquelle me
donnent droit trente trois
années de services effectifs
et dix huit campagnes

Gal Cav

13 janvier 1852.

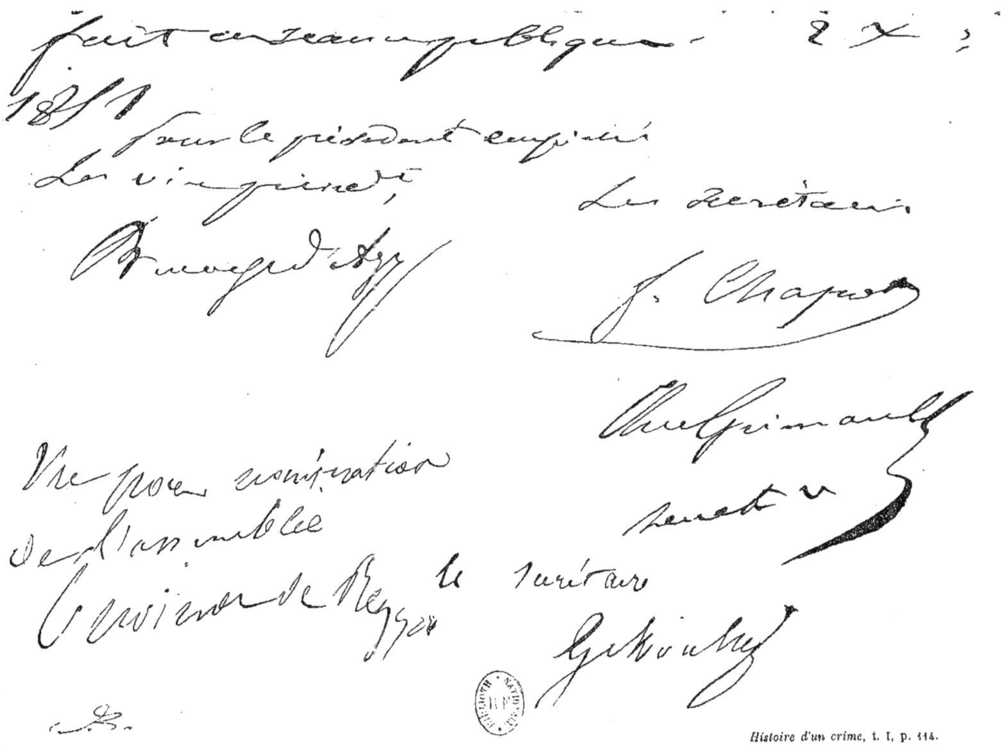

Fait en séance publique le 2 X[bre] 1851

Pour le président empêché

Le vice-président,

Benoist d'Azy

Les secrétaires,

F. Chapot

Chegrimault

secrét.

Vu pour vérification de l'Assemblée

[illegible]

Le secrétaire

[illegible]

Histoire d'un crime, t. I, p. 114.

NOMINATION DU GÉNÉRAL OUDINOT

au commandement de l'armée de Paris.

République française

L'assemblée nat^le^ décrète

Vu le décret qui transporte à l'assemblée nat^le^ le pouvoir exécutif

Décrète Le général de division Oudinot est nommé commandant en chef de l'armée de Paris & de la garde nationale de paris

www.ingramcontent.com/pod-product-compliance
Lightning Source LLC
Chambersburg PA
CBHW052147090426
42741CB00010B/2174

* 9 7 8 2 0 1 2 6 6 6 2 6 9 *